D1105159

LIBRARY

HOUSTON PUBLIC LIBRARY

R01210 29810

© Playco Editores C. A., 1998
Zona industrial San Vicente 2, calle "C", galpón No. 52,
apartado 1212, Maracay 2104, estado Aragua, Venezuela.
Tel/fax (043) 51.60.70/51.62.91/51.55.09/51.65.28
e-mail: playco@cantv.net
Edición a cargo de María Elena Maggi
Diseño e Ilustraciones: Morella Fuenmayor
Producción: María Fernanda Paz Castillo
Selecciones de color: Editorial Arte
Impreso en Venezuela por Editorial Arte
I.S.B.N. 980-6437-03-9
HECHO EL DEPÓSITO DE LEY
Depósito Legal: lf 57219988003114
Todos los derechos reservados

Producido por Playco Editores Publicaciones C.A.
Torre Centro Parque Boyacá, 4to. piso, ofic. 42, ave. Sucre,
Los Dos Caminos, Caracas 1071
Telf. 285.06.27/285.58.27. Fax. 285.61.82
e-mail: playcoep@cantv.net

Retablo Aragüeño

Poema de Aquiles Nazoa

★

Ilustraciones Morella Fuenmayor

Playco Editores

*É*l conduciéndola a pie,
ella en una borriquilla,
vienen llegando a la Villa
la Virgen y San José.

Flores de fino matiz
dejando a su paso van:
hoy pasaron por San Juan,
ayer salieron de Ortiz.

Cuando de andar y de andar
están ya muy fatigados,
llegando a Los Colorados
se sientan a descansar.

Ya casi al anochecer,
viniendo por el camino
ven a un niño campesino
que un ángel resulta ser.

El niño viaja escotero;
la sierra cruzó temprano.
Lleva una flor en la mano
y un cocuyo en el sombrero.

—Niño que muestras de Oriente
la estrella en el sombrerito,
¿a dónde vas tan solito
por estos campos sin gente?

—Ando en busca de María
les dice el niño al pasar:
que en la noche de este día
debe a la Villa llegar.

–Entonces no busques más
por este campo perdido,
pues yo soy, niño querido,
la que tú buscando estás.

–He venido de tí en pos
para anunciarte, ¡oh María!,
que en la noche de este día
serás la madre de Dios.

El aire se hace un rumor
de espigas, flores y henos;
a María entre los senos
coloca el niño una flor.

Y el radiante parpadeo
del pascual lucero brilla;
ya el niño nació en la Villa:
Gloria in Excelsis Deo.

+SP

E NAZOA
Nazoa, Aquiles.
Retablo Aragueno : poema

Johnson JUV CIRC

hjohx
Houston Public Library